이런 직업 어때?

동물이 좋다면 이런 직업!

글 스티브 마틴 | 그림 로베르토 블레파리 | 옮김 김여진

차례

동물을 좋아하는 친구들에게 4

 반려동물 수의사 6

 경찰견 핸들러 8

 반려견 미용사 10

 안내견 훈련사 11

 말 관리사 12

 야생동물 보호구역 관리자 14

 농장 수의사 16

 반려동물 입양 상담사 18

 도그워커 20

 펫시터 21

 동물 가게 주인 22

 반려동물 초상화가 24

 반려동물 사진작가 25

 동물 배우 기획자 26

 야생동물 다큐멘터리 제작자 27

 야생동물 보호 활동가 28

 해양생물학자 30

동물원 수의사 32

 기마경찰 34

 동물원 영장류 사육사 36

 동물원 파충류 사육사 38

 동물학자 40

 곤충학자 41

 동물 보호 감시원 42

 반려견 호텔 종업원 43

내게 가장 어울리는 직업은? 44

또 다른 직업을 알고 싶나요? 46

동물을 좋아하는 친구들에게

동물과 일하려면 어떤 기술과 자격이 필요할까요?

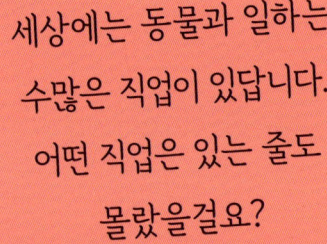

세상에는 동물과 일하는 수많은 직업이 있답니다. 어떤 직업은 있는 줄도 몰랐을걸요?

동물과 일하고 싶은 사람에겐 많은 기회가 있어요. 동물을 연구하거나 치료하는 직업을 가질 수도 있고, 동물을 돌보고 보호하거나 예술적인 일을 할 수도 있어요.

직업에는 저마다 다른 지식과 기술이 필요해요. 동물학자와 해양생물학자는 대학과 대학원에서 열심히 공부를 해야 해요. 반려견 호텔 종업원은 개를 잘 보살필 수 있는 사람이 할 수 있고요, 반려동물 사진작가는 예술적 재능이 필요해요.

하지만 동물과 함께하려는 사람에게 가장 중요한 건 동물을 사랑하는 마음과 동물을 돕고픈 열정이에요. 수의사는 추운 겨울날 밤에도 아픈 말을 치료하려고 침대를 박차고 나오기도 해요. 동물원 사육사는 손톱만 한 개구리를 돌볼 때도 커다란 기린을 돌볼 때만큼이나 정성을 쏟아요.

배우는 걸 좋아하는지도 중요해요. 동물에 대해 많이 알수록 일을 더 잘 할 수 있기 때문이에요. 때론 꽤 용감해야 해요. 의견이 다른 사람을 설득하거나 동물을 보호하기 위해 위험을 무릅써야 할 때도 있거든요. 또 지저분한 일들도 해야만 해요. 코끼리 사육사가 매일 얼마나 많은 양의 코끼리 똥을 치울지 생각해 보세요!

여러분이 어떤 직업을 고르든지 늘 동물을 생각하고 살뜰하게 살펴야 해요. 동물원에서 일을 하건 동물 가게나 구조 센터, 농장에서 일을 하건 동물들의 건강과 행복은 모두 여러분에게 달려 있어요. 그러니까 정성을 듬뿍 쏟아야겠죠?

모두 여러분 얘기 같다고요? 그렇다면 동물과 일하기에 딱이네요!

이 책에는 동물과 관련된 25가지의 직업이 나온답니다. 직업마다 어떤 일을 하며 하루를 보내는지 볼 거예요. 그 일을 할 때 가장 중요한 게 무엇이고, 그 직업을 가지려면 어떻게 해야 하는지 알게 될 거예요. 그 밖에 흥미로운 이야기도 알 수 있답니다. 반려동물 수의사에게 가장 멋진 순간은 언제인지, 곤충학자들을 성가시게 하는 건 뭔지(힌트: 코와 관련 있음) 등등요!

모든 직업에 대해 다 읽었다면 44쪽으로 가서 어떤 직업이 내게 가장 잘 어울릴지 알아보세요. 다른 직업을 더 알고 싶다면 46쪽으로!

반려동물 수의사

반려동물은 주인에게 아주 소중한 존재입니다. 제가 하는 일은 그 사랑스러운 동물들이 건강하고 행복하게 지내도록 돕는 거예요. 저는 고양이, 개, 뱀, 거북이, 토끼, 새 등 많은 동물을 돌봐요. 늘 한결같이 지켜야 하는 건 동물을 염려하는 마음이에요. 좋은 수의사가 되려면 환자를 진심으로 아껴야 해요.

저는 다양한 동물에 대해 공부했지만, 주로 개나 고양이 같은 작은 동물들을 돌봐요. 동물원 수의사(32-33쪽)와 농장 수의사(16-17쪽)는 훨씬 큰 동물을 보살피죠.

3

이제 고양이 새미를 수술합니다. 간호사가 저를 도울 거예요. 우선 새미를 진찰한 다음, 수술하는 동안 아프지 않게 푹 잠들도록 마취를 해요. 제가 수술을 하면 간호사는 새미의 심장 박동 수와 호흡을 확인해요.

2

처음 할 일은 강아지에게 예방 접종을 하는 거예요. 예방 주사를 맞으면 위험한 병에 걸리지 않는답니다.

사랑해 동물 병원

1

저의 하루는 오늘 예약한 동물을 확인하면서 시작돼요. 오늘도 바쁘겠는데요?

4

수술이 끝나면 동물에게 또 다른 문제가 생기지 않는지 주의 깊게 지켜봐야 해요. 저는 주인에게 앞으로 며칠간 새미를 어떻게 돌봐야 하는지 알려 줍니다. 또 새미가 수술 부위를 잡아 뜯지 않도록 목 보호대를 꼭 해야 한다는 것도 설명해요.

5

진료는 대개 예약으로 이루어지지만 종종 응급 상황도 있어요. 한 남자가 고양이에게 습격 당한 앵무새를 데리고 달려왔어요. 이럴 땐 재빨리 치료해야 해요. 다행히 앵무새 폴리가 많이 다치지 않았어요. 저는 상처 부위를 깨끗이 소독하고 감염되지 않도록 약도 먹여요.

6

더 이상 놀랄 만한 일은 없었어요. 몇 시간 동안 동물들에게 약도 처방하고, 건강 검진도 했어요. 반려동물의 먹이와 훈련에 대해서 주인들에게 조언도 했지요. 전 수의사가 되려고 대학에서 수의학을 전공했어요. 동물의 질병 치료와 예방, 관리 등에 대해 열심히 공부했죠.

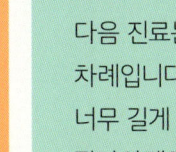

7

다음 진료는 햄스터 해미시 차례입니다. 해미시의 이빨이 너무 길게 자라서 적당히 잘라야겠어요. 햄스터의 이빨은 계속 자라나기 때문에 이빨을 틈틈이 갈 수 있도록 나무토막이나 장난감을 주면 좋아요.

8

마지막으로 개 루루를 진료해요. 주인이 루루가 아기를 가진 것 같다고 했어요. 초음파 검사를 해 보니 정말로 세 마리의 강아지가 배 속에 있네요. 앞으로 잘 살펴봐야 해서 바로 다음 검진 예약을 잡았답니다.

일의 장점과 단점

장점: 반려동물들이 아프지 않고 건강하게 지낼 수 있게 도와요.

단점: 아픈 동물을 살리지 못할 때도 있어요. 주인이 반려동물에게 마지막 작별 인사를 하는 모습을 보면 가슴이 찢어진답니다.

경찰견 핸들러

경찰은 주로 동료와 일을 합니다. 제 동료 이름은 스파이크예요. 다리는 네 개고 아주 듬직하죠. 우리는 함께 마을을 지켜요. 저는 경찰견 핸들러가 되기 위해 많은 노력을 했어요. 개를 훈련하는 법을 익히고 보통의 경찰 역할도 해 왔지요.

개는 경찰 업무를 도울 뿐만 아니라 안전을 위한 다양한 일을 해요. 군대나 보안 업체, 산악 구조대에서 일하는 개도 있어요. 경찰견은 폭발물 같은 위험한 물건을 찾기도 하고, 범인이나 실종된 사람을 찾아내기도 해요.

3

스파이크와 저는 도둑을 찾기 위해 숲으로 갔어요. 스파이크는 어릴 적부터 훈련을 받았어요. 무언가를 찾는 기술을 익히기 위해 많은 연습을 했어요.

1

오늘 처음 할 일은 스파이크에게 아침밥을 주는 거예요. 스파이크는 덩치가 큰 저먼 셰퍼드랍니다. 식성이 좋고 단백질도 많이 먹어야 해요. 아침을 먹이고 나면 일을 시작하기 전에 공원에서 공 던지기 놀이를 해요. 가볍게 운동을 하는 거죠.

2

경찰서 앞에서 경찰견을 위해 특별히 만들어진 경찰차를 탑니다. 뒷좌석이 큰 개를 위한 우리처럼 되어 있지요. 앗! 첫 사건이 일어났어요. 도둑이 숲속으로 도망을 쳤다고 하네요.

4

저먼 셰퍼드는 냄새 맡는 능력이 뛰어나서 물건이나 사람을 잘 찾아요. 스파이크가 킁킁! 이곳저곳 냄새를 맡아요. 스파이크는 금세 도둑을 찾아냈고, 도둑은 체포되어 경찰서로 보내졌어요.

5

스파이크가 임무를 잘 수행하고 나면 바로 칭찬을 해 줘야 해요. 다음 사건 전까지 시간이 많지 않거든요. 또 사건이에요! 동료들이 어느 집 뒤뜰에서 빈집 털이범과 맞서고 있대요. 범인이 긴 몽둥이를 휘두르고 있다는군요.

6

현장에 도착해서 저는 범인에게 경고를 해요. 무기를 버리고 항복하지 않으면 개를 풀겠다고요. 스파이크는 제가 지목하는 사람을 물고, 그만하라고 할 때까지 절대로 놓지 않는 훈련을 받았어요. 범인은 스파이크를 흘깃 보더니 얌전히 무기를 내려놓았지요.

7

점심을 먹고, 초등학생들에게 우리 직업을 소개하러 학교에 갔어요. 스파이크는 그런 곳에서는 무척 얌전하고, 사람들의 시선을 즐기기까지 한답니다.

8

마침내 오늘 하루가 끝났네요. 전 제복을 갈아입고 스파이크와 집으로 와요. 이 일을 하려면 개를 사랑해야 해요. 스파이크는 그냥 동료가 아니에요. 우린 가족이자 친구죠!

*우리나라에는 경찰견들이 쉬는 곳이 따로 마련되어 있어요.

일의 장점과 단점

장점: 이 일은 흥미진진해요. 무슨 사건이 벌어질지 아무도 모르고 우리가 그 사건을 해결하니까요.

단점: 개와 함께하려면 늘 튼튼해야 해요. 개는 사람보다 다리가 두 배잖아요!

반려견 미용사

저희 집 강아지의 털을 깎아 주다가 반려견 미용사(애견 미용사)가 됐어요. 어떻게 하면 더 예쁘게 꾸며 줄 수 있을까 공부하다가 전문 학원까지 다니게 되었는데, 수업이 너무 재밌어서 꼭 이 직업을 가져야겠다고 생각했죠. 참 뿌듯한 일이에요. 살짝 지저분한 일이기도 하지만요!

전 반려견 미용실에서 일해요. 어떤 미용사들은 동물 병원에서 일하기도 하고, 개를 키우는 집으로 출장을 가기도 해요.

1
오늘의 첫 손님은 우리 미용실의 단골손님 우디예요. 귀여운 케언 테리어죠. 미용실을 나설 땐 깔끔한 모습이지만, 몇 개월만 지나면 털이 제멋대로 꼬이고 덥수룩하게 자라서 돌아와요.

2
오늘 우디는 할 게 많아요. 귀 청소부터 목욕, 털 다듬기와 발톱 깎기까지! 긴장을 많이 하는 개들은 먼저 마음을 편하게 풀어 줘야 하는데, 우디는 걱정 없어요. 활달하고 애교가 많은 녀석이죠.

3
다음 손님은 롤라예요. 코몬도르는 털이 굵게 꼬여 있어서 마치 대걸레같이 보이죠. 이 일을 하려면 모든 종류의 개를 깔끔하게 다듬어 줄 줄 알아야 해요. 전 어떻게 하면 롤라를 멋지게 변신시켜 줄 수 있는지 잘 알아요. 꼬인 털은 빗을 수 없지만 깨끗하게 다듬어 주어야 기생충이 생기지 않아요.

일의 장점과 단점

장점: 개를 아름답고 건강하게 꾸며 줄 수 있어서 기뻐요.

단점: 엄청난 털! 하루에 얼마나 많은 털을 치우는지 상상 못 할 거예요.

4
마지막 손님은 비숑 프리제인 프리다예요. 프리다가 조금 긴장을 해서, 제가 털을 다듬는 동안 동료가 긴장을 풀어 주었어요. 개털을 다듬는 건 사람의 머리카락을 다듬는 것보다 시간이 오래 걸리고 인내심이 필요해요. 깔끔해진 프리다가 주인과 미용실을 나서요. 이제 저도 그만 청소를 하고 집에 가야겠어요.

안내견 훈련사

친척이 시력을 잃게 됐을 때 처음 안내견에 대해 알게 됐어요. 저는 사람들을 돕는 걸 좋아하고 개도 무척 좋아하니까 흥미가 생겼죠. 처음엔 보호소에 자원봉사를 나가다가, 자선 단체에서 일을 시작했어요. 그리고 이제는 자격을 갖춘 훈련사가 되어 안내견 학교에서 일하고 있지요.

이 일을 하려면 다양한 종의 개와 일해야 한답니다. 골든 레트리버, 래브라도 레트리버, 저먼 셰퍼드가 대표적이죠. 훈련하기도 쉽고 사람을 잘 따르거든요.

1

오늘 아침엔 안대를 한 채 붐비는 거리를 걸었어요. 넉 달 동안 함께한 안내견 픽스와 훈련을 했답니다. 차들이 부릉대고 휙휙 지나가는 소리가 들렸지만 두렵지 않았어요. 픽시가 저를 안전하게 안내해 줄 테니까요.

2

픽시가 자신감 있게 장애물을 피해 가고, 길 가장자리에 멈춰 서고, 버스를 타고 내릴 때는 정말 짜릿해요. 이렇게 훈련하기까지 힘겨운 과정이 있었지만, 이제 새 주인에게 믿음직한 안내견이 될 수 있을 거예요.

3

새로운 고객님에게 안내견 베일리를 소개해 줄 시간이에요. 처음 만난 둘이 함께 살며 한 팀이 되어 지내려면 4주 동안의 훈련이 필요해요. 첫 만남은 괜찮았어요. 같이 훈련도 했는데, 잘 어울리는 한 쌍이 될 듯해요!

일의 장점과 단점

장점: 개와 사람이 한 팀으로 일하는 건 정말 근사해요. 안내견은 한 사람의 인생을 바꾸죠. 거기에 큰 역할을 한다는 걸 감사히 여기고 있어요.

단점: 개와 사이가 너무 끈끈해져서, 나중에 떠나보낼 때 마음이 힘들어요.

최고의 친구들

모든 보조견(도우미견)이 시각 장애인 안내견은 아니에요. 청각장애인이나 지체장애인, 자폐아, 노인 등을 돕거나 치료를 돕는 개들도 있어요. 보조견들은 많은 도움을 줘요. 문을 열어 주기도 하고, 필요한 물건을 가져다주기도 해요.

말 관리사

저는 할 일이 아주 많고 하루가 정말 깁답니다. 이 자리에 오기까지 몇 년이 걸렸어요. 말 관리사로 일을 시작해 오랫동안 일하며 말에 관한 모든 걸 배웠어요. 사업을 꾸려 나가는 법, 팀을 운영하는 법 같은 것도요. 이제 전 사육장 전체를 관리하고 감독하는 일을 해요.

저는 심심할 틈이 없어요. 말을 타는 기수이기도 하고, 간호사, 수리공, 사업가… 뭐든 다 해요!

1
저의 하루는 이른 새벽에 시작돼요. 아직 해가 뜨지 않았지만 말들은 벌써 여물을 먹고 싶어 하거든요. 그래서 이때부터 우리 팀은 일을 시작하죠.

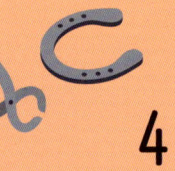

4
사무실로 돌아와서 장제사에게 전화를 해요. 말 두 마리에게 새 편자를 맞춰 주려고요. 편자는 말굽을 보호하기 위해 발굽의 바닥에 붙이는 U자 모양의 쇳조각이에요.

2
오늘 새로 오는 말 관리사가 있어요. 말에게 먹이 주는 법과 마방 청소하는 법을 알려 줄 거예요. 말똥 치우는 법도 알려 줘야죠. 그러고 나서 말을 탈 때 쓰는 장비들을 청소해야 해요. 말 등에 얹는 안장 같은 것들이요.

3
우리 사육장의 새로운 종마, 블루를 만나러 가요. 담당 관리사가 블루의 상태를 살피고 있어요. 말 관리사는 말에 대해 많은 공부를 해요. 말꼬리의 움직임, 말이 발굽을 쾅쾅대는 이유까지도 알아챌 수 있어요. 무엇보다도 말의 마음을 잘 다루지요. 블루는 처음 왔을 땐 무척 불안해 보였는데, 몇 주가 지나니 꽤 차분해졌어요.

5
일이 끝날 줄을 모르네요. 전화를 끊자마자 수의사가 왔어요. 덩치 큰 암컷 경주마 밀리의 이빨을 봐 주려고요. 말들의 건강을 살피는 건 제 일이에요. 그래서 종종 전문가에게 예약을 한답니다.

6
오전 11시, 승마 수업을 할 학생들이 도착했어요. 승마 지도사가 말들을 데리고 체험장으로 갑니다. 아직 학생을 태운 경험이 없는 말들은 연습이 필요해요. 저와 관리사들이 나중에 훈련을 시킬 거예요.

7
승마 지도사에게 수업을 맡기고 사무실로 돌아와요. 사료도 주문하고, 수의사 예약도 하고, 여기저기 돈도 보내죠. 3시쯤 되면 관리사들이 말들을 훈련시켜요.

8
5시 반이면 집에 갈 시간이에요. 집에 가기 전에 관리사에게 말 털 빗기는 걸 잊지 말라고 말해 둡니다. 말들에게 문제가 없는지 잘 살피고요. 근데 멀리 가진 않아요. 전 사실 여기에 살거든요! 위급 상황이 생기면 언제든지 달려올 수 있죠.

일의 장점과 단점

장점: 승마 수업에서 사람들을 돕는 게 즐거워요. 사람들이 말과 승마에 대해 배워 가는 걸 보면 뿌듯하죠.

단점: 말을 더 많이 타고 싶은데 사무실에서 할 일이 너무 많네요.

야생동물 보호구역 관리자

저는 로키 마운틴 야생동물 보호구역에서 일해요. 출근길이 멀지는 않아요, 여기 살거든요! 우리 팀은 다친 야생 동물을 치료하고, 회복되면 자연으로 돌려보냅니다. 처음엔 자원봉사로 시작했죠. 지금 제가 하는 일은 여기서 일하는 모두가 제 역할을 할 수 있게 잘 살피고 돕는 거예요.

> 사람들은 야생 동물도 반려동물처럼 아프거나 다친다는 걸 잘 모르는 것 같아요. 누군가는 야생 동물을 돌봐야 한다는 것도요. 퓨마부터 산양까지, 우리는 한 해에 보통 2,000마리가 넘는 동물을 돌봐요.

1

우리는 회의로 하루를 시작해요. 야생동물 재활사, 야생동물 해설사, 기금 모금가, 수의사가 참석한답니다. 다 함께 오늘 할 일을 체크해요. 일이 많기 때문에 서로 잘 도와야 해요.

2

회의가 끝나면 재활 전문가와 야생 동물을 보러 갑니다. 재활 전문가는 다친 동물을 보살피죠. 재활 전문가가 흰머리수리를 살펴봐요. 사냥꾼이 쏜 납으로 된 총알을 먹고 온몸에 독이 퍼진 것 같아요. 재활 전문가는 흰머리수리의 몸 상태를 더 꼼꼼히 살피기 위해 몇 가지 검사를 할 거예요. 검사 결과는 나중에 들어야겠어요.

3

보호구역으로 가서 어미 잃은 새끼 회색곰 네 마리를 살펴봐요. 마침 야생동물 해설사가 현장 체험 학습을 온 아이들에게 이런저런 설명을 해 주고 있군요. 이때, 새끼 회색곰들과 멀리 떨어져 있는 게 중요해요. 나중에 야생으로 돌아가 스스로 살아가야 하니까요. 사람에게 익숙해지면 안 돼요.

4

다음은 새들이 지내는 곳으로 가요. 새들이 먹이를 잘 먹고 있는지 관찰합니다. 날개가 부러진 들꿩도 보이고, 작은 연못 쪽에 다친 캐나다기러기 두 마리도 보이네요. 새들이 계속 여기 사는 건 아니에요. 몸이 회복되고 나면 보란 듯이 날아가 버린답니다.

5

사무실로 돌아와 기금 모금가들의 이야기를 듣습니다. 다친 무스를 위해 마을 학교에서 돈을 모금해 주었어요. 기금 모금가들은 사람들을 설득해 기부를 받는답니다. 그 기부금으로 야생동물 보호소가 운영될 수 있어요. 동물과 직접 일하진 않지만 정말 중요한 일을 하고 있죠.

6

다음으로 무스가 잘 회복하고 있는지 확인하기 위해 수의사에게 갑니다. 무스는 도로에서 차에 치여 다리가 부러졌어요. 그런데 다행히 다리뼈가 잘 붙고 있어서 제대로 설 수 있게 되면 숲으로 돌아갈 수 있다고 해요. 좋은 소식이에요!

일의 장점과 단점

장점: 동물들을 건강한 모습으로 자연으로 돌려보내는 일은 근사하고 감격스러워요.

단점: 기부금을 더 많이 모아야 한다는 생각에 고민이 되곤 해요.

7

두 명의 자원봉사자를 만나고 오늘 하루를 마무리하려고 해요. 한 명은 관광객 안내원으로 일하고 싶어 하고, 다른 사람은 동물과 일하고 싶대요. 할 일이 많은 이곳에서 자원봉사는 언제나 환영이죠!

농장 수의사

저는 늘 동물들을 사랑해 왔답니다. 원래는 주말에 지역 보호소에서 봉사를 했었어요. 야외에서 일하는 걸 좋아하는 저에게 수의사가 딱 맞는 직업이라고 느꼈고, 그래서 대학교에서 수의학을 공부했지요. 오늘은 수술도 있고 농장도 방문해야 해요. 저는 농장의 동물들이 건강하게 지내도록 도와요.

1
8시 반에 트럭을 몰고 농장으로 가요. 옆자리엔 반려견 버스터를 태우고요. 농장에 도착해서 양이 새끼를 낳는 걸 도와주고 어미 양과 새끼 양이 모두 건강한지 살펴봤어요.

저는 젖소나 돼지, 양, 말 같은 덩치가 큰 동물들을 돌봐요. 어떤 수의사는 소나 말처럼 한 종류의 동물만 돌보기도 하고, 반려동물을 돌보는 수의사도 있지요.

2
에머슨 부부가 운영하는 블루 벨리 농장에 도착해 젖소들에게 예방 접종을 해요. 예방 접종을 하면 질병이 퍼지는 걸 막을 수 있어요. 많은 가축들이 모여 있는 곳에서는 전염병을 예방하는 게 무척 중요해요.

3
버스터를 좀 뛰놀게 해 주고, 다음 농장으로 향해요. 저는 필요한 장비가 많아서 큰 차를 몰아요. 이동하는 동물 병원이랄까요!

4

오클랜드 농장에 도착했어요. 아름다운 회색 말 제스가 고통스럽게 다리를 절뚝거리네요. 발에 채이지 않게 조심조심 감염된 부위를 찾아서 깨끗하게 소독하고 붕대로 감싸 주었어요. 더 이상 아프지 않게 약도 먹이고요.

5

오후에 농장 몇 군데를 더 들러야 해요. 피부병에 걸린 돼지들을 치료하고, 임신한 암소를 확인해요. 염소 두 마리의 피 검사도 했어요.

6

진료실로 돌아왔어요. 고객들에게 전화도 하고 이메일도 확인해요. 오늘 진료를 본 동물들에 대해서도 기록해요.

7

마지막으로 버스터와 산책을 한 뒤, 언덕 너머로 해가 지는 걸 보며 집으로 갑니다. 하루가 무척 기네요.

일의 장점과 단점

장점: 주로 야외에서 시간을 보내요. (가끔 냄새가 좀 심하긴 하죠!)

단점: 느닷없는 비상 상황이 많아요. 한밤중에도, 폭풍이 불어도 출장을 가야 해요.

8

새벽 4시부터 전화벨이 울리네요. 농장에서 온 전화예요. 아픈 돼지를 발견했대요. 침대에서 힘겹게 빠져 나와 서둘러 옷을 입어요. 10분 뒤, 쏟아지는 비를 헤치고 운전을 하고 있어요. 커피 한 잔만 하면 좋겠네요!

반려동물 입양 상담사

동물 구조 센터는 주인에게 버려지고 갈 데가 없는 동물들을 구조합니다. 새 주인을 찾아 주는 데도 힘쓰죠. 저는 5년 전 스타 동물 구조 센터에서 자원봉사로 일을 시작했어요. 대학교를 졸업한 뒤에는 반려동물 입양 상담사로 일하고 있죠. 저는 사람들에게 딱 맞는 반려동물, 동물들에게 어울리는 가족을 찾아 주기 위해 노력하고 있어요.

제가 근무하는 동물 구조 센터는 개와 고양이를 보살피지만, 다른 센터는 토끼나 햄스터, 혹은 말이나 당나귀처럼 큰 동물을 보호하기도 해요. 주인이 잘 보살피지 못하거나, 주인이 돌보기에 너무 나이가 든 동물도 센터에서 보호해요.

2

수의사가 워커에게 예방 접종을 하는 동안 잠시 기다렸어요. 몸에 벼룩이나 벌레는 없는지도 살펴봤어요. 다른 동물들에게 기생충을 옮기면 안 되니까요.

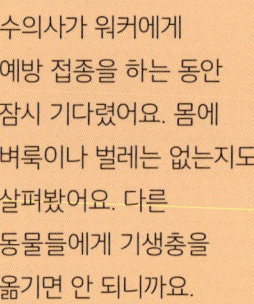

1

센터에 도착해 가장 먼저 만난 사람은 바로 수의사예요. 수의사가 새로 도착한 동물의 건강 상태를 살펴요. 우리는 작은 개에게 워커라는 이름을 붙여 줬어요. 버려진 개가 마을을 돌아다닌다는 신고를 받고 유기 동물 보호사가 워커를 데리고 왔지요.

3

워커를 더 자세히 알아보기로 해요. 동물의 성격을 알아야 잘 맞는 주인을 찾아 줄 수 있거든요. 이제 워커에 대해 어느 정도 파악이 끝났으니, 편히 쉴 수 있는 곳으로 데려다줘야겠어요.

4

고양이를 기르고 싶어 하는 남자 분과 얘기를 나눴어요. 다른 동물을 키우는지, 어떻게 생활하는지를 물어봤어요. 그분은 결국 부끄럼 많고 나이 지긋한 고양이 펄을 골랐어요. 여유 시간이 많아 펄을 관심 있게 보살필 수 있는 분이었어요. 잘 어울리는 고양이를 찾아 준 것 같아요.

5

점심을 먹고, 고양이를 원하는 커플을 만났어요. 두 분은 이미 스패니얼 세 마리를 기르고 있어서, 어떤 고양이가 어울릴지 고민이 됐어요. 활기찬 개들이 있는 집에 아무 고양이나 보낼 순 없으니까요. 아무래도 후보를 찾는 데 시간이 필요할 것 같아서 한 번 더 만나기로 했어요.

6

이제 남은 일은 이메일 답장하기와 동물에 대해 기록하기! 얼마 전 우리 센터에서 입양된 개가 잘 지내고 있는지 전화도 했어요.

7

오늘의 마지막 할 일은 얼룩무늬 고양이 루비에게 작별 인사를 하는 거예요. 새로운 가족을 만났거든요. 고양이랑 잘 놀아 주는 아이 두 명이 있는 집으로 가게 됐어요. 가족들에게 주의 사항을 알려 주고 인사를 했어요. 행복한 마무리였죠!

일의 장점과 단점

장점: 동물들에게 꼭 맞는 주인을 찾아 주고 나면 정말 행복해요.

단점: 모든 동물이 새로운 주인을 만나지는 못해요. 그 점이 슬프죠.

도그워커

개도 좋아하고 걷기도 좋아하니 이 일은 저에게 딱이에요! 처음엔 친구들의 개를 맡아 산책 일을 시작했어요. 그런데 금세 입소문이 퍼져서 지금은 하루에 15마리를 산책시키죠. 저는 일을 하며 다양한 종의 개와 행동에 대해 공부하고 있어요. 그래야 개를 안전하게 보호할 수 있고, 개들도 기분 좋게 산책할 수 있을 테니까요.

도그워커는 산책 말고 다른 일도 할 수 있어요. 주인이 일이 있을 때 잠시 개를 맡아 주기도 하고 며칠을 돌봐 주기도 해요.

1
저는 주인이 직장에 있는 동안 개를 산책시키는 일을 해요. 집에서 나오기 전에 물건을 잘 챙겼는지 꼭 확인해요. 주인집 열쇠, 목줄, 물, 배변 봉투까지! 일기 예보도 항상 챙겨 보죠.

2
차를 몰고 개들을 데리러 갑니다. 보통 한꺼번에 세 마리를 산책시켜요. 저는 어떤 녀석이 성격이 좋은지, 별난지를 잘 알지요. 모든 개는 산책을 좋아해요. 그래서 다들 저만 보면 신이 나서 꼬리를 흔들어 댄답니다.

3
개들을 차에 태우고 마을에 있는 큰 공원으로 가요. 공원을 한 바퀴 걷는 데 45분 정도가 걸려요. 이 아이들을 집에 데려다주고, 저를 기다리고 있을 다른 개들을 데리러갈 거예요.

4
보통 하루에 네다섯 팀 정도를 산책시켜요. 일이 끝날 때가 되면 얼른 집으로 가서 푹 쉬고 싶어지죠!

일의 장점과 단점

장점: 다양한 개들을 만나고 친구가 되었어요. 꿈을 이룬 셈이죠!

단점: 비가 쏟아지는 날엔 산책하기가 쉽지 않아요.

펫시터

저는 수의사가 되는 게 꿈이라 이 일을 시작했어요. 동물을 마주하며 직접 겪어 볼 좋은 기회였거든요. 엄마의 허락을 받고, 이웃집이 휴가를 떠날 때 반려동물을 돌봐 주기로 했어요. 동물을 돌보기로 했으면 잘 보살펴야 해요. 그래야 사람들이 믿고 또 맡겨 줄 테니까요.

주로 개와 고양이를 돌보지만 토끼나 앵무새, 물고기를 보살피기도 해요. 먹이도 주고 물이 깨끗한지도 살펴봐요. 놀아 주고 대화도 한답니다.

1
오늘은 좀 일찍 일어나서 학교 가는 길에 이웃집에 들렀어요. 아저씨가 집을 비운 사이에 포피와 패치스에게 먹이를 주려고요. 고양이들이 좋아하는 장난감으로 놀아 주고, 학교에 가요.

2
학교를 마치고 이웃집 앵무새에게 먹이를 주러 가요. 엄청 시끄럽고 수다스러운 앵무새예요! 먹이 그릇에 씨앗을 가득 채워서 새장에 조심스레 넣어 줘요. 앵무새가 놀라지 않게요.

3
마지막으로 옆집에 들러 토끼 아키에게 먹이를 주어요. 제가 도착하면 아키는 부끄러워서 늘 숨곤 해요. 하지만 금세 나타나죠. 저녁 시간이구나 하고요.

4
집에 도착하고 잠시 뒤 엄마의 친구 분이 찾아오셨어요. 오늘 밤에 집을 비우게 되었다며 리지를 돌봐 줄 수 있냐고 하시네요. 리지는 잭 러셀 테리어예요. 케이지에 갇혀 있는 걸 아주 싫어하죠. 저는 리지를 좋아하니까, 언제든 환영이에요!

일의 장점과 단점

장점: 학교를 다니면서 일을 할 수 있어요!

단점: 어떤 동물은 하루에 여러 번 돌봐 줘야 해서 시간을 잘 계획해서 써야 해요.

동물 가게 주인

어릴 때부터 저는 반려동물을 키웠고, 늘 동물과 함께 일하고 싶었어요. 처음엔 동물 가게에서 주말에만 일을 하다가 매일 출근하게 되었고, 결국 제 가게를 열게 되었죠. 동물 가게를 잘 꾸리려면 많은 지식과 경험이 필요해요. 손님들이 조언을 구하기도 하고 정보를 묻기도 하거든요.

우리 가게에서는 기니피그나 새, 물고기처럼 작은 동물들을 팔아요. 물론 사료와 장난감 같은 반려동물 용품들도 팔고요. 어떤 가게에서는 동물을 직접 기르기도 하는데, 저는 동물을 기르진 않아요. 전문 사육사들에게서 데려오죠.

1
아침 8시에 가게에 도착합니다. 9시에 가게 문을 열지만 일찍 와서 동물들을 살펴보는 게 좋아요. 아파 보이는 동물이 있으면 다른 곳으로 옮기고 수의사를 불러야 해요.

2
동물들을 모두 살펴본 다음, 아침밥을 주어요. 동물마다 먹이가 다르기 때문에, 누가 무엇을 언제 먹는지를 잘 알아야 해요. 물이 충분히 있는지도 잊으면 안 되고요.

3
9시가 되면 가게 문을 열어요. 첫 손님은 나이 든 고양이에게 뭘 먹이면 좋을지 궁금해하네요. 저는 비타민이 듬뿍 든 사료를 추천해요. 손님들은 어떤 질문에든 제가 전문가처럼 척척 대답해 주기를 바란답니다.

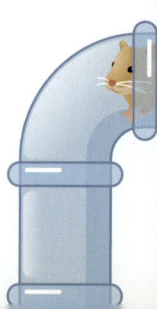

4

어린 남자아이가 어머니와 함께 가게로 들어왔어요. 기니피그를 사고 싶어 하네요. 저는 두 마리를 사는 게 좋다고 추천해요. 기니피그는 외로움을 많이 타거든요. 큼지막한 집을 사는 게 좋다고도 말했어요. 저는 동물들이 우리 가게를 떠나서도 행복했으면 좋겠어요.

5

손님이 없을 때도 바쁘답니다. 동물들이 지내는 곳을 깨끗하게 관리하고, 어항 속 수온이 물고기에게 알맞은지도 확인해요.

일의 장점과 단점

장점: 새 반려동물과 함께 가게를 나서는 손님들의 표정을 보면 행복해져요.

단점: 동물들이 좋은 주인을 만나는 건 기쁘지만, 가게를 떠날 땐 사실 슬프답니다.

6

오후에는 택배가 와요. 개와 고양이를 팔진 않지만, 개와 고양이를 위한 장난감을 팔거든요. 장난감이 인기가 많아서 몽땅 팔릴 때도 있어요. 그럴 땐 급히 주문을 하곤 해요.

7

사육사인 친구가 토끼 다섯 마리를 데리고 왔어요. 저는 제가 잘 알고 지내는 사육사에게만 동물을 산답니다. 동물들이 보살핌을 잘 받고 건강한지 제대로 알아야 하니까요. 토끼들을 조심스럽게 집에 데려다줘요. 토끼 집에는 사람들의 눈을 피해 숨을 수 있는 공간들이 넉넉하죠.

8

오후 5시면 집에 갈 시간이에요. 마지막으로 동물들을 한 번 더 살펴봐요. 토끼들은 편하게 자리를 잡고 쉬고 있고, 새들도 즐겁게 지저귀네요. "잘 자!" 인사를 하고 집으로 갑니다.

반려동물 초상화가

저는 미술과 동물을 좋아해요. 반려동물 초상화가는 저에게 정말 어울리는 직업이죠. 이 직업을 가지려면 시험을 쳐야 하는 건 아니에요. 하지만 시험이 없다고 쉬운 직업은 아니죠. 멋지게 그릴 줄 알아야 하고 사람들 사이에서 입소문이 나려면 시간이 필요해요. 요샌 일감이 많아져서 바쁘게 지내고 있어요.

1
오늘은 벵갈고양이를 그리고 있어요. 주인이 보내 준 사진을 보고 그리고 있답니다. 그림을 완성하려면 며칠이 걸리기도 하고 동물한테 가만히 있으라고 할 수 없으니까, 저는 늘 사진을 보고 그려요. 그래서 가끔 그림의 배경을 마음대로 그리기도 해요.

2
저는 천천히 조심스럽게 그림을 그려요. 맘에 쏙 들 때까지 계속 그려요. 완성되면 고객의 집에 몇 년 동안 걸려 있을 테니까요. 동물의 특징을 잘 파악하고 개성을 살려 그린답니다.

3
몇 시간 후 좀 쉬면서 홈페이지를 확인해요. 제 일은 주로 예전 고객들의 추천으로 들어와요. 그래서 홈페이지에 자주 들어가서 관리하는 게 중요해요.

초상화를 그리려면 여러 재료와 미술 기법을 잘 쓸 줄 알아야 해요. 연필, 파스텔, 수채화까지 손님이 원한다면 뭐든지요!

4
초상화를 포장하면서 하루의 마무리를 하곤 해요. 이번 그림 주문은 좀 독특했답니다. 주인이 자기 푸들을 팝아트 스타일로 그려 달라고 했거든요!

일의 장점과 단점

장점: 사람들이 평생 보물로 간직할 만한 그림을 선물하는 게 기뻐요.

단점: 하루 종일 작업실에서 혼자 그림을 그리니까 때로 외롭기도 하죠.

반려동물 사진작가

저는 사진 찍는 일이 좋아요. 신나고 창의적이면서 변화무쌍하죠. 이 일을 하려면 사진을 공부하고 멋지게 찍는 법을 익혀야 해요. 또 동물을 이해하고 참을성이 있어야 하죠. 사진 찍을 때 동물을 가만히 있게 하려고 안 써 본 방법이 없답니다.

저는 주로 반려동물 사진을 찍는데, 동료 중에는 야생 동물 사진을 찍는 친구도 있어요. 잡지사나 고객들에게 사진을 판매하죠. 야생 동물 사진작가는 겁이 없어야 해요. 어떤 야생 동물은 정말 무섭거든요.

1
오늘의 첫 번째 주인공은 멋쟁이 고양이 삼 형제입니다. 동물을 세 마리나 촬영하는 건 무척 힘든 일이에요. 그래서 촬영하는 동안 고양이들이 자리를 잘 지킬 수 있게 도와줄 분을 불렀답니다.

2
다음 촬영은 바로 말! 스튜디오에서 찍을 수가 없어서 장비를 들고 고객의 집으로 갔어요. 말 제트가 들판을 달리는 동안 연속으로 사진을 여러 장 찍었어요. 제트의 빛나는 털이 돋보이는 근사한 사진을 얻었답니다!

3
오후엔 도그쇼에 갔어요. 상을 받는 개들을 찍으려고요. 대회가 끝나면 스튜디오로 돌아가서 사진 편집을 해야 해요.

4
마지막으로 할 일은 내일 찍을 동물을 공부하는 거예요. 내일은 잉꼬와 도마뱀을 촬영해요. 동물 사진을 찍을 때 제일 중요한 건 저와 동물을 안전하게 지키는 거예요. 그래서 반려동물 주인과 얘기도 많이 나누고, 동물의 행동을 자세히 보기 위해 사는 곳을 직접 찾아가 보기도 해요.

일의 장점과 단점

장점: 동물의 가장 멋진 모습을 사진으로 남길 수 있어서 행복해요.

단점: 가끔 오줌을 맞거나 부리에 쪼일 때도 있어요. 그럴 땐 썩 즐겁진 않죠.

동물 배우 기획자

텔레비전 방송이나 광고, 영화에 나오는 동물들을 보고 어디서 데려온 걸까 궁금했던 적 있나요? 누군가는 그 동물들을 찾아냈겠죠? 그게 바로 저랍니다! 처음엔 조련사로 일을 시작했고, 지금은 동물 배우 에이전시에서 일하고 있어요. 콘텐츠에 맞는 동물을 찾고 훈련도 시킨답니다.

저는 고객들이 필요로 하는 동물들을 어디서든 찾아내요. 나비건 부엉이건 오리건 상관없어요. 가장 중요한 건 현장에서 동물들이 안전해야 하고, 보살핌을 잘 받아야 한다는 거예요.

1
오늘 가장 먼저 할 일은 잡지에 실릴 고양이 사료 광고 모델을 찾는 거예요. 사진작가와 어떤 스타일의 고양이가 필요한지 이야기를 나눴어요. 고양이 사진이 실린 목록을 보다가 은빛 털을 가진 고양이를 골랐죠. 사진작가와 만날 수 있게 주인에게 연락해서 약속을 잡았어요.

2
다음 할 일은 조련사를 만나는 거예요. 광고 회사에서 코 위에 물건을 올려놓고 균형 잡기를 할 수 있는 바다사자를 찾고 있어요. 조련사는 바다사자를 훈련시키고 촬영이 잘 진행되도록 곁에서 도울 거예요.

3
마지막으로 할 일이 남았어요. 동물 프로그램을 기획 중인 진행자를 만났어요. 닭 12마리가 필요하다고 하는군요. 그쯤이야! 촬영을 위해 농장을 통째로 빌린 적도 있는걸요.

일의 장점과 단점

장점: 흥미롭고 창의적인 사람들, 그리고 동물들과 함께 일한다는 거요.

단점: 동물과 일하다 보면 예상할 수 없는 일이 많이 생겨요. 늘 계획대로 되진 않아요.

4
일을 마치고 집으로 가면 사랑스러운 친구가 저를 기다리고 있을 거예요!

야생동물 다큐멘터리 제작자

대학교에서 동물학을 전공하고 그 지식을 다큐멘터리를 만드는 데 쓰기로 결심했죠. 촬영장에서 보조로 일하며 기본적인 영화 촬영법을 배웠어요. 몇 년에 걸쳐 경험과 기술을 차곡차곡 쌓았고, 나만의 다큐멘터리를 찍게 되었죠. 호주의 캥거루부터 남미의 라마까지, 수도 없이 많은 동물들을 촬영했답니다.

> 동물 다큐멘터리를 만들 때는 많은 사람이 필요해요. 저는 제작자이니 촬영 시작부터 끝까지 다 살펴야 하고, 감독, 조사원, 작가, 편집자 등 여러 사람의 도움이 필요해요.

1
오늘은 동료들과 캐나다 북쪽에서 캠핑을 해요. 흰올빼미를 촬영하려고요. 조사원이 새끼 올빼미를 촬영하기 좋은 시간과 장소를 알아봤어요. 여름인데 이곳은 많이 춥네요!

2
알에서 깨어난 새끼 올빼미를 찍으면 좋을 텐데…. 우리는 풀 더미로 몸을 숨기고 있어요. 때를 기다려야 하거든요. 흰올빼미는 땅에 둥지를 트는데, 어미 올빼미들은 무척 예민해요. 굶주린 육식 동물들이 언제든 알을 채 갈 수 있으니까요.

3
한 장면도 놓치기 싫어서 춥고 비좁은 은신처에서 하루 종일 촬영을 했어요. 별안간, 암컷 흰올빼미가 둥지를 박차고 날아갔어요. 덕분에 우리는 사랑스러운 새끼 올빼미 세 마리를 볼 수 있었죠. 정말 환상적인 순간! 역시 기다린 보람이 있네요.

4
밤이 돼서야 캠프로 돌아왔어요. 다 함께 내일 촬영할 대본을 미리 점검했죠. 이제는 따뜻한 침낭 속에 들어가 푹 잘 시간이에요.

일의 장점과 단점

장점: 사람들이 제 다큐멘터리를 보고 지구의 아름다운 동물들에 대해 알아 가는 게 기뻐요.

단점: 일하는 시간이 길어질 때가 많아요. 체력적으로 힘이 들 때도 있어요.

야생동물 보호 활동가

환경을 지키는 일에 늘 관심이 많았어요. 대학교에서 야생 동물 보호에 대해 공부했어요. 동물과 서식지를 보호하는 방법을 배웠죠. 지금은 중국의 자이언트 판다 서식지에서 일하고 있어요. 아기 판다들이 자연에서 잘 살아남도록 보살피고 가르치고 있답니다.

1
가장 먼저 들러야 할 곳은 아기 판다들을 돌보고 있는 번식 센터예요. 아기 판다들이 잘 있는지 살피고 먹이를 줍니다. 이제 지구상에 남은 야생 판다는 많지 않아요. 서식지가 파괴되었기 때문이죠. 우리의 목표는 더 많은 판다를 길러서 자연으로 돌려보내는 거예요.

야생 동물 보호를 위해 중요한 건 사람들의 경각심을 일깨우는 일이에요. 환경 보호 운동가와 교육자들은 동물들이 맞닥뜨린 문제를 널리 알리고 사람들이 무엇을 실천할 수 있는지 알려 줍니다.

3
아침에 먹이로 줄 대나무를 베어야 해요. 판다는 대나무를 가장 좋아해요. 판다들이 얼마나 많이 먹는지 보면 깜짝 놀랄걸요!

2
이제 어린 판다들이 지내는 곳을 깨끗하게 청소해요. 머무는 곳이 깨끗해야 건강하게 자랄 수 있으니까요.

4

다음 할 일은 대나무 심기예요. 보호 구역 근처에는 어마어마하게 많은 대나무를 기른답니다. 다 자란 판다는 하루에 대나무 20 킬로그램을 먹어 치우고, 16시간 이상을 먹으면서 보내요.

5

점심을 먹이고 나면, 사육사들은 어린 판다들을 숲으로 데려가요. 판다들은 이곳에서 먹이를 찾는 법과 나무에 오르는 법 등 자연에서 살아남는 기술을 터득하게 되죠. 사육사들은 판다 복장을 하고 숲에 들어가요. 판다가 사람에게 익숙해지지 않도록요.

6

그다음 할 일이야말로 정말 최고의 순간이에요. 오늘은 보호 구역의 축제 같은 날! 판다 두 마리를 자연으로 보내거든요. 모두가 숨죽여 치치와 링링이 숲속으로 걸어가는 모습을 바라봐요. 야생 판다로 길고 행복한 삶을 살았으면 좋겠어요.

7

오늘 보호 구역에서 있었던 일을 기록하며 하루를 마무리합니다. 좋은 소식 하나! 우리가 열심히 노력한 끝에 판다의 수가 조금씩 늘고 있어요. 자연에 아직 2천여 마리밖에 없긴 하지만, 40년 전 보호 구역이 처음 생겼을 땐 그 반밖에 없었죠.

일의 장점과 단점

장점: 멸종 위기 동물을 돌보면서 현재와 미래의 지구를 위해 큰 역할을 하고 있다고 생각해요.

단점: 판다처럼 아름다운 동물들이 멸종될까 봐 걱정이 많이 돼요.

해양생물학자

보통 과학자들은 스쿠버 다이빙을 하지 않지만, 저는 해양생물학자니까 파도 아래서 생물을 연구하느라 많은 시간을 보내죠. 과학 지식도 많아야 하지만 몸이 아주 튼튼해야 하고 수영도 잘해야 해요. 물론 용기도 있어야 하고요!

지금껏 우리는 25만 종 이상의 바다 생물을 찾아냈어요. 고래와 거북은 물론이고 조류나 산호까지요. 하지만 아직도 모르는 생물이 많죠. 해양생물학자는 주로 전공으로 선택한 한 생물의 종을 깊이 있게 공부하고 연구한답니다.

1 오늘은 특별하게 하루를 시작해 보려고요. 보트에서 뒤로 누우면서 잠수하기! 잠수 장비를 하고 있을 때 바닷속으로 들어가는 가장 좋은 방법이에요.

2 지금은 미국의 대서양 연안에 있는 만에서 잠수를 하고 있어요. 큰돌고래를 연구하고 있거든요. 이 포유류는 매우 영리하고, 서로 어울리기 좋아해서 무리 지어 살아요. 저는 돌고래들의 대화 방식과 언어를 알아내고 싶어요. 물론 휘파람 소리나 딸깍대는 소리로 소통한다는 건 알지만 무슨 뜻인지는 아직 모르니까요.

3 연구원 동료와 잠수 중이에요. 저는 수중 카메라로 돌고래를 찍고, 동료는 소리를 녹음하죠. 우리는 호흡이 척척 맞아서 늘 함께 잠수해요.

4
우리는 30분씩 3번 잠수합니다. 잠수 훈련을 받은 대로 안전 수칙을 잘 지켜요. 한 번 잠수하면 적당한 시간 안에 바다 위로 올라와야 해요. 산소 탱크에 산소가 부족한 일이 없도록요.

5
돌고래에게 방해가 되지 않도록 조심해야 해요. 우리 일은 돌고래를 관찰하고 연구하는 일이니까요. 좀 더 자세히 관찰하고 싶을 땐 아쿠아리스트와 일하기도 해요. 그는 대형 수족관에서 다양한 수중 생물들을 돌보는 일을 해요. 경험과 지식이 풍부하죠.

6
우리는 연구실로 돌아와 바닷속에서 촬영한 영상을 봐요. 돌고래가 어떤 소리를 낼 때 무슨 행동을 하는지 자세히 살펴봐요. 돌고래에게 어떤 행동 패턴이 있는지 발견하기 위해서요. 혹시 몰라요! 언젠가 우리가 돌고래와 대화할 날이 올지도요.

일의 장점과 단점

장점: 돌고래와 헤엄치기, 산호초 사이로 잠수하기 같은 마법처럼 멋진 경험을 할 수 있어요.

단점: 아주 추운 바닷속이나 힘든 환경에서 일해야 할 때가 있어요. 연구를 하러 집에서 멀리 떠나 있을 땐 가족들이 그립기도 하고요.

동물원 수의사

우리 지역의 동물원은 어릴 적 제가 가장 좋아하는 장소였어요. 동물과 가까이 있고 싶어서 처음으로 일한 곳도 동물원 카페였죠! 대학교에서 수의학을 전공하고, 지금은 애니멀 킹덤 동물원에서 수의사로 일하고 있어요. 5백 종류가 넘는 2만 마리 이상의 동물들을 돌보느라 무척 바쁘게 지내고 있죠.

동물을 건강하게 돌보려면 동료들과 호흡이 잘 맞아야 해요. 간호사는 수술을 도와주고, 동물에게 약을 먹이거나 작은 상처를 치료해요. 동물원 사육사(36-39쪽)와도 힘을 합쳐 일해요. 동물원 사육사는 동물들을 항상 주의 깊게 살피죠.

1
아침에 늘 회의를 해요. 우리 팀엔 수의사 세 명과 간호사 두 명이 있어요. 동물들을 보살피느라 늘 분주하죠.

2
회의가 끝나면 신나는 일이 기다리고 있어요. 아기 사자 세 마리를 만나러 가요! 사하르와 사미르, 상에게 건강 검진을 해 주려고요. 몸무게도 재고, 피 검사도 하고, 예방 접종도 해요. 매우 건강하네요.

3
이제 코끼리에게 가요. 코끼리 사육사는 고민이 많답니다. 코끼리 밀로가 요즘 통 먹지를 않는대요. 나이도 많은데 걱정이에요. 진료를 해 보니 배탈이 난 것 같아 약을 먹이기로 했어요. 바나나 빵에 알약을 살짝 숨겨서 먹였답니다. 약 맛이 썩 좋지 않거든요.

4

얼마 전 다른 동물원에서 이사 온 어린 침팬지 빌리를 만나러 가요. 혹시나 다른 동물에게 질병을 옮기면 안 되니까, 검사를 마치기 전까지는 따로 지내야 해요. 다행히도 빌리는 무척 건강해요.

5

오후에 반가운 소식이 들렸어요. 황금개구리 알이 부화했대요! 황금개구리는 자연에서 멸종했는데, 우리 동물원에서 길러 보려고 많은 노력을 기울였죠. 저는 사육사에게 갓 태어난 올챙이들에게 뭘 먹여야 하고 어떻게 돌봐야 하는지 알려 주었어요.

일의 장점과 단점

장점: 동물원에서는 매일 변화무쌍한 일들이 펼쳐져요. 하루하루가 다르죠.

단점: 동물원 수의사는 다양한 동물을 돌볼 줄 알아야 해서 열심히 공부하고 훈련해야 해요. 하지만 참 보람 있는 일이죠!

6

아픈 펭귄과 다리를 절뚝이는 기린을 진료한 뒤 퇴근을 했어요. 집에 도착하니 아이들이 오늘 동물원에서 어떤 일을 했는지 물어보네요. 올챙이랑 코끼리랑 그리고 다른 환자들에 대해 모두 말해 주었어요.

기마경찰

궁금해하는 친구들이 있을지도 모르겠네요. 자동차도 있고 헬리콥터도 있는데 왜 경찰이 말을 타는지 말이에요. 하지만 어떤 상황에서는 말이 정말로 도움이 된답니다. 저는 처음 경찰관이 되고서 몇 년이 지나 기마경찰대로 부서를 옮겼어요. 애플이라는 이름을 가진 저의 파트너는 기마경찰대에 들어오기 전 1년간 훈련을 받았죠. 지금 우리는 환상의 콤비랍니다!

옛날 군대에도 기마 부대가 있었어요. 말은 오래전부터 전쟁터에서 활약해 왔죠. 지금도 퍼레이드, 기념식, 행사 등에서 볼 수 있답니다.

1

저의 하루는 아침 7시에 말 사육장에서 시작됩니다. 우리 팀에는 사육사가 있어요. 사육사는 말을 관리하고 안장, 고삐, 등자 등의 마구를 채워 주죠. 하지만 저는 애플에게 직접 안장을 채워 주는 게 좋아요. 애플이랑 더 친밀해질 수 있잖아요.

2

오늘 첫 번째 임무는 시내 중심가를 통과하는 시위에 참석하는 일이에요. 애플에게 얼굴 가리개와 코 보호대를 채워 주어요. 시위가 거세지면 사람들이 물건을 던지기도 하거든요. 저도 그렇지만 애플이 안전하도록 신경 써야 해요.

3

시위 행렬 사이로 들어가서 사람들 사이로 천천히 걸어가요. 무척 소란스러웠지만 애플은 전혀 아랑곳하지 않았죠. 이런 상황에서도 침착하도록 훈련받았거든요.

4

무전기로 시위대 사이에 다툼이 있다는 신고를 받았어요. 애플을 타고 있으면 멀리 있는 것도 훤히 보여요. 금세 다투는 사람들을 발견했어요. 사람들을 떼어 놓고 따로 걸으라고 지시했어요. 곧 소동은 잠잠해졌죠.

5

시위가 끝나고 축구 경기장으로 가요. 관중들을 지켜보려고요. 예전에 관중들이 무척 흥분해서 난동을 부렸을 때 팀원들과 단체로 경기장에 간 적이 있어요. 엄청나게 많은 말이 행진해 오는 걸 보더니 사람들이 순식간에 조용해졌죠. 오늘은 다행이에요. 관중들이 차분한데다 애플을 무척 아껴 주네요.

6

이제 말 사육장에 도착했어요. 제복을 갈아입고 바로 집에 갈 수도 있지만, 애플에게 해 줄 일이 있어요. 마구를 벗기고 부드럽게 빗질을 해 줘요. 저기, 사육사가 오네요! 제 직업은 분명 힘든 일이지만, 다른 일을 하고 싶다는 생각은 없어요.

7

원래는 이쯤에서 퇴근하지만, 오늘은 특별한 일이 있어요. 상을 받으러 간답니다. 자동차 사고를 당한 가족을 구한 덕분으로요. 애플이 없었다면 꿈도 못 꿨을 일이죠. 얼른 애플에게 상을 보여 주고 싶네요. 애플은 상보다는 아침밥에 더 관심이 있겠지만요.

일의 장점과 단점

장점: 좋아하는 말이랑 하루 종일 함께 있고 월급도 받아요.

단점: 위험한 상황에서는 말이 다칠까 봐 걱정이 돼요. 이를테면 흥분한 관중이 예상치 못한 행동을 할 때요.

동물원 영장류 사육사

저는 영장류를 돌보는 동물원 사육사입니다. 영장류에는 고릴라, 침팬지, 오랑우탄, 여우원숭이, 꼬리감는원숭이, 긴팔원숭이, 개코원숭이, 마카크, 마모셋원숭이 등이 있어요. 저는 50마리가 넘는 동물들을 돌보느라 바쁘답니다. 다행인 건 동료가 세 명 더 있다는 거예요.

저는 늘 영장류와 일하고 싶었지만, 사육사들마다 담당하는 동물은 다양해요. 새 사육사, 코끼리 사육사, 사자나 호랑이 사육사, 파충류 사육사(38-39쪽), 펭귄이나 바다표범 등을 돌보는 바다 생물 사육사, 기린이나 얼룩말처럼 발굽 있는 동물을 돌보는 사육사도 있어요.

1
오늘 가장 먼저 할 일은 동물들에게 아침을 주는 거예요. 영장류마다 좋아하는 음식이 달라서 각자에게 알맞은 먹이를 준비해야 해요. 아침을 주면서 동물들이 아픈 곳은 없는지 잘 살피죠. 전 누구보다 제가 보살피는 동물들을 잘 알아요. 오늘은 긴팔원숭이 샐리가 너무 조용하네요. 왠지 슬퍼 보여요. 원래는 기운차고 장난기도 많거든요. 그래서 수의사(32-33쪽)에게 샐리의 상태를 이야기했어요.

2
수의사와 함께 아픈 동물들을 살펴보고 약을 먹여요. 오랑우탄 찬은 약을 싫어해서 바나나 속에 약을 숨겨서 줘야 해요. 그럼 기분 좋게 후딱 먹어 치우죠.

3
이 일을 사랑해도 사육장 청소는 유쾌하지만은 않아요. 그래도 우리 동물원 영장류들의 건강을 위해 꼭 해야 하는 일이죠!

4
점심 식사 후에 아이들이 현장 학습을 와서 제가 안내를 하기로 했어요. 저는 제 일에 대해 이야기하는 걸 좋아해요. 매일 색다른 일이 벌어지거든요. 어제는 동물원에 새로 온 침팬지가 잘 적응하도록 도와줬어요.

5
영장류는 무척 영리해서 신경 써야 할 게 많아요. 그래서 제 일이 까다롭죠. 동물원 디자이너는 가끔씩 와서 자연과 닮은 모습으로 환경을 꾸며요. 영장류 동물들이 진짜 자연에 있는 것처럼 느끼도록 말이죠. 나무에 오르거나 높이 앉을 수 있는 공간이 충분한지 등을 꼼꼼히 살펴본답니다.

6
오후 늦게 덩치 큰 영장류에게 먹이를 한 번 더 줍니다. 거대한 실버백 고릴라 버티는 어른 세 명만큼이나 몸무게가 나가요. 하루에 과일이랑 채소를 20킬로그램이나 먹어 치우죠.

7
이제 내일을 위한 준비를 해요. 내일 할 일과 먹이를 체크해요. 돌볼 동물이 많으니 할 일도 많아요.

일의 장점과 단점

장점: 하루 종일 영장류 친구들과 우정을 쌓으며 성격이 다양한 동물들을 좀 더 깊이 알아가죠. 다들 너무 사랑스러워요. 촐싹대는 녀석들은 더 귀엽고요!

단점: 냄새가 좀 많이 나긴 해요!

8
마지막으로 동물들을 살펴봅니다. 보통은 저녁 5시에 마쳐요. 동물들이 모두 편안해 보여야만 맘 편히 퇴근할 수 있어요.

동물원 파충류 사육사

저는 파충류 사육사입니다. 우리 동물원의 파충류 사육사 다섯 명은 뱀, 거북, 도마뱀, 악어 등 50종이 넘는 파충류를 돌본답니다. 파충류 사육사가 되려면 대학교에서 생물학과 동물학을 공부하는 경우가 많아요. 파충류 연구소에서 자원 봉사를 하기도 하고요. 파충류를 보살피는 법을 공부하는 건 정말 중요해요. 근사한 일이지만 위험하거든요.

저는 파충류에 관심이 많았어요. 그런데 파충류에게 가까이 접근하기가 힘들다 보니, 조금 더 친근하게 다가갈 수 있는 동물과 일하는 걸 선호하는 사람들도 있죠. 영장류(36-37쪽)나 기린, 얼룩말 같은 온순한 동물이요.

1
오늘 아침은 유난히 긴장되네요. 악어 사육장을 청소해야 하거든요. 조조와 재즈가 느긋이 누워서 청소하는 저를 물끄러미 바라봐요. 악어는 정말 빨리 움직여요. 순식간에 악어들이 저한테 올 수 있다는 걸 잘 기억하고 있어야 해요. 파충류 사육사에게 안전보다 중요한 건 없답니다.

2
다음으로 코모도왕도마뱀 림보에게 먹이를 줘야 해요. 몸길이가 거의 3미터인, 세상에서 가장 큰 도마뱀이랍니다! 사육장 안은 굉장히 더워요. 림보가 살던 인도네시아 기온에 맞춰 히터를 켜 두었지요.

일의 장점과 단점

장점: 세상에서 가장 매혹적인 동물들과 일해요. 악어와 같은 몇몇 파충류는 공룡 시대부터 있었죠.

단점: 더운 파충류 사육장에서 일하다 보면 땀이 뻘뻘 나요.

3

정오가 되면 '뱀을 만나는 시간' 행사를 진행해요. 저는 아이들에게 파충류 이야기를 들려주어요. 또 아이들이 살며시 뱀을 쓰다듬어 볼 수 있게 해 주기도 해요. 걱정은 안 해도 돼요. 뱀은 위협을 느낄 때만 공격하거든요. 그리고 방문객들이 독사를 만날 일은 없어요. 우리 동물원에서는 코브라, 방울뱀, 비단뱀을 비롯해서 많은 종류의 뱀을 볼 수 있답니다.

4

이젠 코끼리거북을 만나러 가요. 가이는 나이가 아주 많아요. 믿을 수 없겠지만… 110살이에요! 저는 사육장 가운데 진흙 구멍을 파 두어요. 가이는 차갑고 진득거리는 진흙 목욕을 좋아하거든요.

5

코끼리거북을 비롯해서 많은 파충류가 멸종 위기에 처해 있어요. 우리는 동물들을 안전하게 보살피며 그들을 지키는 데 큰 역할을 하고 있죠. 코끼리거북은 제 몸무게의 세 배나 돼요. 그래도 저는 더할 나위 없이 안전하답니다. 이 온순한 녀석들은 초식 동물이니까요. 휴, 살았다!

스네이크 밀커

뱀에게서 독을 짜내는 일을 하는 사람들을 스네이크 밀커라고 해요. 추출한 뱀독은 병원이나 연구소, 대학, 제약 회사 등에 판매한답니다. 뱀독은 연구용으로 쓰이거나 해독제나 약을 만들 때 사용돼요.

6

집에 가기 전에 할 일이 하나 남았어요. 북아메리카늪거북의 새끼들이 곧 깨어나려고 하거든요. 알들은 따뜻한 인큐베이터 안에 있었어요. 잠시 뒤 알을 깨고 아주 조그만 아기 거북들이 나왔어요. 정말 짜릿하고 놀라운 순간이에요!

동물학자

어린 시절부터 동물과 일하는 걸 꿈꿨어요. 그래서 대학교에 가서 동물학을 공부했지요. 졸업하고 나서 현장에서 바로 일을 시작했어요. 자연에서 동물을 직접 보고 연구하는 건 정말 흥분되는 일이에요. 제 인생을 통째로 걸어도 좋을 만큼요.

동물학자는 대개 한 종류의 동물을 정해 그 동물의 특징과 생활 등 모든 것에 대해 연구합니다. 저는 대형 고양이과 동물을 연구해요. 포유류니까 포유동물학자가 된 셈이죠. 새를 연구하는 과학자는 조류학자라고 한답니다.

1
오늘 아침엔 숨 막히게 더운 정글을 헤매고 있어요. 왜냐고요? 호랑이를 찾고 있거든요!

2
인도의 호랑이 보호 구역을 탐험 중이에요. 보호 구역이 생긴 이후로 호랑이의 수가 늘었는지 조사해 달라는 요청을 받았거든요. 보호 구역 지도에 호랑이가 나타난 장소를 표시해요.

일의 장점과 단점

장점: 연구실에서도 일하고 야외에서도 일해요. 둘 다 제게 잘 맞아요.

단점: 이 직업을 가지면 전 세계를 돌아다녀야 해요. 좋기도 하지만 가끔씩은 가족들이 그리워요.

5
좀 더 동물들을 관찰하고 호텔로 돌아와 보고서를 써요. 정리를 다 해 봐야 알겠지만, 예상대로라면 호랑이의 개체 수가 늘어난 것 같아요. 저에게도, 지구에게도 기쁜 일입니다.

3
보호 구역 관리인이 와 주었어요. 그는 이곳 구석구석을 잘 알아요. 호랑이 발자국을 발견하고 저를 암컷 호랑이가 사는 곳으로 안내해 주었어요.

4
별안간 검은 줄무늬가 보이더니 커다란 인도호랑이가 눈앞에 나타났어요. 이때 갑자기 뛰어서는 안 돼요! 그랬다간 바로 저를 쫓아올걸요. 호랑이는 잠시 서 있다가 지겨워졌는지 어슬렁 가 버리네요.

곤충학자

저는 곤충을 연구하는 과학자랍니다. 곤충의 행동과 서식지 등 많은 것들을 공부하죠. 곤충학자가 되려면 곤충에 관심이 많아야 하는 건 물론이고 대학에서 열심히 공부해야 한답니다.

1

오늘은 연구실에서 일하는 날이에요. 먼저 농부에게 메일로 답장을 해요. 제 전공은 농업곤충학이에요. 농사를 지을 때 도움을 주거나 해를 입히는 곤충을 연구하죠. 농부들이 해충으로부터 농작물을 지켜 낼 수 있게 돕는답니다.

고래나 기린을 연구하는 게 더 재밌을 거라고 생각하는 사람들도 있겠죠. 하지만 곤충이 얼마나 흥미로운지 알면 놀랄걸요. 지구상에 사는 생물 중 반 이상이 곤충이에요. 100만 종 이상을 발견했지만, 아직 발견되지 않은 곤충이 더 많아요.

2

11시 정도에 아이들이 현장 학습을 왔어요. 제 일을 설명해 주자, 한 학생이 묻는군요. 농부들이 농사를 지을 때 왜 해충제를 뿌리면 안 되냐고요. 해충제를 뿌리면 벌처럼 이로운 곤충들도 죽는다고 답해 주었어요. 가령 벌이 없으면 농작물이 잘 자라지 못하죠.

양봉가

꿀을 얻기 위해 벌을 기르는 직업이에요. 꿀벌을 잘 보살펴 주고, 꿀벌이 만든 꿀을 수확하죠. 일을 할 때 벌에 쏘이지 않으려면 복장을 잘 갖춰 입어야 해요.

3

남은 시간에는 연구도 하고, 의료 분야를 전공하는 곤충학자와 다음 주에 만날 약속도 잡았어요. 그는 벌레들이 어떻게 질병을 퍼뜨리는지 연구해요. 제 직업은 꾸준히 공부를 해야 해요. 그래서 동료 과학자들과 정보를 나누는 게 꼭 필요하답니다.

일의 장점과 단점

장점: 새로운 곤충을 발견하면 정말 신나요!

단점: 쏘이고, 물리고, 게다가 코 속으로 벌레가 들어가면 괴로워요.

동물 보호 감시원

저는 동물을 보호하는 일을 해요. 위험에 처한 동물을 구조하고, 동물이 학대당한다는 신고를 받으면 조사를 해요. 사람들에게 동물을 돌보는 법을 알려 주기도 합니다. 이 일을 하려면 경험이 많아야 하고, 몸도 튼튼해야 해요. 동물을 구조하려고 절벽을 타거나 바다에서 노를 젓는 일도 있거든요.

1
오늘은 법원에서 하루를 시작해요. 학대당한 경주마를 발견해서 증거를 제출하기로 했거든요. 신경 써야 할 게 많지만, 제가 진실을 제대로 밝혀야 이 말이 잘 보호받을 수 있고, 훈련사도 반성하게 될 거예요.

매일 일이 똑같지 않아서 좋아요. 동물 가게의 동물들이 안전하게 보살핌을 받는지 점검하기도 하고, 낚싯줄에 걸린 백조를 구하는 날도 있어요.

2
법원을 나서 사무실로 왔어요. 도착하자마자 전화벨이 울리네요. 이웃이 토끼를 때렸다는 신고예요. 토끼 얼굴이 부어 있다는군요. 얼른 조사하러 가 봐야겠어요.

5
오늘 있었던 일을 기록하고, 내일 학교에서 있을 강연을 준비하며 하루를 마무리합니다. 이 직업을 가진 후로 참 놀라운 일을 많이 하게 되네요!

3
모든 동물 주인이 저를 달가워하진 않아요. 근데 토끼 주인은 저를 무척 반겨 주네요! 토끼 얼굴을 살펴보니 맞아서 그런 게 아니라, 염증이 생겼네요. 수의사에게 토끼를 데려가 보라고 말해 주었어요.

4
오늘의 마지막 임무는 그리 간단한 일이 아니었어요. 고양이가 강물에 빠져서 작은 섬에 갇혀 있다는군요. 트럭에 보트를 싣고 강으로 출발했어요. 도착하자마자 보트를 타고 가서 고양이를 구조했지요.

일의 장점과 단점

장점: 곤경에 처한 동물을 도와줍니다.

단점: 힘든 상황을 마주하기도 해요. 동물 주인들이 화를 낼 때도 있고, 괴롭히는 동물을 봐야 할 때도 있죠.

반려견 호텔 종업원

저는 반려견을 돌봐 주는 호텔에서 일해요. 날마다 시설을 깨끗이 청소하고, 개들을 씻기고 운동시키고 먹이도 잘 챙겨 주죠. 이 일을 할 때 특별한 기술이 필요하진 않아요. 다만 체력이 좋아야 하고, 개를 좋아해야 하는 건 기본이죠!

1
아침 7시 반이면 산책을 하러 가요! 먼저 몇 마리를 데리고 마당으로 나갑니다. 울타리가 있는 곳에서는 개를 잠시 풀어 주고 놀아도 돼요.

고양이 호텔 종업원도 저와 비슷한 일을 해요. 대신 고양이를 돌봐야 한다는 것만 다르죠. 사람들은 며칠간 집을 비워야 할 때 저희를 찾아온답니다.

2
이젠 먹이를 줘야죠. 지금 호텔에는 30마리의 개들이 있어요. 모두에게 각자 알맞은 양을 먹여야 해요. 두 마리에게는 약도 줘야 하고요.

4
새로운 손님이 왔어요. 푸들 몰리가 호텔에 잘 적응하도록 도와줘요. 주인이 휴가를 가는 동안 맡아 주기로 했는데, 막상 몰리를 두고 가려니 걱정이 많이 되나 봐요. 잘 지낼 수 있을 테니 안심하라고 말씀드렸죠.

3
헨리를 보러 갑니다. 우리 호텔에 몇 년간 자주 왔던 녀석이에요. 이제 나이가 많아져서 자주 안아 주게 돼요. 특별히 어떤 개만 예뻐하면 안 되지만, 자꾸만 맘이 쓰이네요.

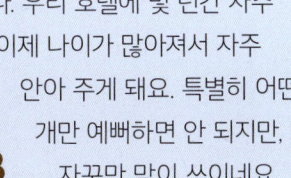

일의 장점과 단점

장점: 개들이 호텔에 잘 적응해서 즐겁게 지내는 모습을 보면 기분 좋죠!

단점: 우리 호텔의 손님들은 꽤나 시끄럽고 정신없어요!

5
한 번 더 산책을 하고, 호텔을 청소하고 저녁을 준비한 다음 잠자리를 살펴 줍니다. 하루가 기네요. 얼른 집에 가서 제 반려견 스키퍼를 보고 싶어요.

내게 가장 어울리는 직업은?

직업이 많아서 고르기 힘든가요? 내 성격과 적성, 흥미를 생각해 보고 직업을 찬찬히 골라 보세요.

성격은 어때요?

배려해요
- 반려견 호텔 종업원
- 동물원 사육사
- 펫시터

동물을 돌보는 걸 좋아한다면 이 직업이 딱이죠.

자신감이 있어요
- 경찰견 핸들러
- 안내견 훈련사
- 동물 보호 감시원
- 기마경찰

동물을 잘 다루고 사람과 소통을 잘해야 해요.

수줍어요
- 반려동물 초상화가
- 도그워커

혼자 일하기 좋아하는 사람에게 알맞아요.

인내심이 많아요
- 반려동물 사진작가
- 반려견 미용사
- 야생동물 다큐멘터리 제작자

차분함이 핵심이죠. 잠시도 가만있지 않고 예측할 수 없는 동물을 참을성 있게 기다려 줄 줄 알아야 해요.

관심사와 목표는 무엇인가요?

여행
- 곤충학자
- 해양 생물학자
- 야생동물 다큐멘터리 제작자
- 동물학자

모험을 좋아하나요? 이 직업은 세계 곳곳으로 여행을 가야 하기도 해요.

더 나은 세상을 만들기
- 야생동물 보호 활동가
- 야생동물 보호구역 관리자

옳다고 믿는 걸 널리 알리려면 용기와 열정이 필요해요.

야외에서 활동적으로 하는 일
- 동물 보호 감시원
- 말 관리사
- 도그워커

동물들은 비가 오나 눈이 오나 돌봐 주고 운동도 시켜 줘야 해요. 무엇보다 동물을 신경 쓰고 잘 보살필 수 있다면 이 직업이 어울려요.

45

또 다른 직업을 알고 싶나요?

지금까지 다양한 직업을 살펴봤어요. 그런데 동물에 관련된 직업은 이보다 훨씬 더 많답니다. 앞에서 살짝 언급했던 직업과 그 밖의 새로운 직업을 소개할게요.

조류학자

조류학자는 새를 공부해요. 새가 어떤 환경에서 어떻게 살아가는지 연구하고, 철새의 이동 경로를 추적하기도 합니다. 쏜살같이 나는 독수리부터 날지 못하는 펭귄까지 새의 종류가 너무 많아서 공부할 것도 정말 많죠!

낙농업자

낙농업자는 우유를 만들어 팔기 위해 젖소들을 길러요. 새벽부터 일어나야 해서 피곤할 수도 있지만 달리 생각하면 날마다 신선한 공기를 마시면서 일할 수 있기도 하죠. 그리고 하루에 두세 차례 젖을 짜려면 젖소들을 잘 먹이고 건강하게 돌봐야 해요.

동물생태해설사

동물생태해설사는 사람들에게 동물과 동물을 보호하는 법에 대해 알려 줍니다. 동물원의 동물들을 잘 소개하려면 사람들과 편안하고 매끄럽게 대화하는 능력이 필요해요. 동물생태해설사는 동물원에서 일하기도 하고, 동물을 데리고 학교로 가서 학생들을 만나기도 해요. 물론 호랑이는 데려갈 수 없죠!

밀렵 감시관

안타까운 일이지만, 몰래 야생 동물을 사냥하는 사람들이 있어요. 밀렵 감시관은 자기가 맡은 지역의 동물을 보호하는 일을 해요. 코끼리부터 새알까지 다양한 동물을 지키고, 사람들이 규칙을 잘 지키도록 지도해요. 길 잃은 동물은 서식지로 돌려보내고, 다친 동물은 치료해 줍니다. 야외에서 일하는 걸 좋아하고, 용감해야 할 수 있는 일이에요!

야생동물 재활사

야생동물 재활사는 다치고 아프거나 어미를 잃은 동물을 치료하고 돌봐 줍니다. 건강한 모습으로 자연으로 다시 돌아갈 수 있게요. 수의사와 함께 일하며 동물들이 건강해지기까지 몇 주 혹은 몇 달을 돌보기도 해요. 이 일을 하려면 참을성이 많고 마음이 따뜻해야 해요.

야생생물학자

동물에게 영향을 미치는 문제를 연구합니다. 농업이나 기후 변화 같은 문제들 말이에요. 동물의 행동을 연구하고 이동을 추적해요. 사람들이 동물의 건강과 서식지에 어떤 영향을 끼치는지도 살펴보죠. 자연을 보호하고, 동물과 사람이 더불어 살 수 있는 미래를 위해 노력한답니다.

도그쇼 핸들러

도그쇼는 각 견종의 고유한 특성을 잘 갖추고 있는 개를 뽑는 대회예요. 도그쇼 핸들러는 도그쇼에 출전하는 개를 관리하고, 도그쇼에 나가 심사위원에게 개를 선보이는 직업이에요. 반려견의 모습을 아름답게 단장하고 바른 행동을 가르쳐서 매력을 돋보이게 만들지요. 도그쇼는 전 세계에서 열려서 여행을 많이 다녀요.

글 스티브 마틴
영어 교사를 하다가 어린이를 위한 글을 쓰기 시작했고 오랫동안 많은 책을 썼습니다.
대표 작품으로 《이런 직업 어때?》 시리즈와 《어린이 직업 아카데미》 시리즈 등이 있습니다.

그림 로베르토 블레파리
이탈리아 토리노에 살고 있는 일러스트레이터이자 시각디자이너입니다.
프리랜서 아티스트로 기업과 잡지사, 출판사 등과 다양한 작업을 하고 있습니다.

옮김 김여진
〈좋아서 하는 그림책 연구회〉 운영진으로 매달 그림책 애호가들과 깊이 교류하고 있습니다.
블로그 〈초록연필의 서재〉를 정성 들여 가꾸며, 서울 당서초에서 아이들을 가르치고 있습니다.
《재잘재잘 그림책 읽는 시간》과 《좋아서 읽습니다, 그림책》을 썼습니다.

이런 직업 어때?
동물이 좋다면 이런 직업!

글 스티브 마틴 | 그림 로베르토 블레파리 | 옮김 김여진

초판 1쇄 펴낸날 2021년 2월 15일
펴낸이 조은희 | 편집장 한해숙 | 기획편집 신경아 | 디자인 최성수, 최금옥 | 마케팅 박영준, 한지훈 | 온라인 마케팅 정보영 | 경영지원 김효순
제작 정영조, 강명주 | 펴낸곳 ㈜한솔수북 | 출판등록 제2013-000276호 | 주소 03996 서울시 마포구 월드컵로 96 영훈빌딩 5층
전화 02-2001-5822(편집), 02-2001-5828(영업) | 전송 02-2060-0108 | 전자우편 isoobook@eduhansol.co.kr
블로그 blog.naver.com/hsoobook | 인스타그램 soobook2 | 페이스북 soobook2
ISBN 979-11-7028-721-6, 979-11-7028-719-3(세트)

That's a job? I like animals ... what jobs are there?
Written by Steve Martin and Illustrated by Roberto Blefari
© 2020 Quarto Publishing plc
First published in the UK in 2020 by Ivy Kids, an imprint of The Quarto Group.
All rights reserved.
Korean language edition © 2021 by Hansol Soobook
Korean translation rights arranged with Quarto Publishing plc through Agency One Korea.

이 책의 한국어판 저작권은 Agency One Korea를 통한 Quarto Publishing plc와의 독점 계약으로 ㈜한솔수북에 있습니다.
저작권법에 의해 한국 내에서 보호를 받는 저작물이므로 무단 전재 및 복제를 금합니다.

어린이제품안전특별법에 의한 제품 표시
품명 도서 | 사용연령 만 6세 이상 | 제조국 대한민국 | 제조자명 ㈜한솔수북 | 제조년월 2021년 2월

※ 값은 뒤표지에 있습니다.